LA SÉCURITÉ EN ALGÉRIE

PAR

Louis PAOLI

BIBLIOTHÉCAIRE DE LA BIBLIOTHÈQUE UNIVERSITAIRE D'ALGER

(EXTRAIT DE LA *FRANCE JUDICIAIRE*)

PARIS

DURAND ET PEDONE-LAURIEL

LIBRAIRES DE LA COUR D'APPEL ET DE L'ORDRE DES AVOCATS

A. PEDONE, Éditeur

13, rue Soufflot, 13

1894

LA SÉCURITÉ EN ALGÉRIE

Je ne sache pas qu'il y ait une question, qui préoccupe plus vivement et plus légitimement l'opinion publique en Algérie, que celle de la Sécurité.

La presse entretient les lecteurs presque quotidiennement des méfaits du banditisme indigène. Les conseils généraux et le conseil supérieur de l'Algérie ont à maintes reprises appelé l'attention des pouvoirs publics sur cette importante question. Il y a eu des conférences interdépartementales qui ont donné lieu à des échanges de vue, mais qui n'ont encore apporté aucun soulagement au mal dont souffre la colonie.

Est-ce à dire que le remède à ce mal est introuvable ? Nous ne le pensons pas ; car s'il fallait faire un pareil aveu, il faudrait alors reconnaître sans hésitation aucune, que la France n'a plus rien à faire dans la colonie. L'œuvre de la colonisation très pénible depuis quelques années serait entièrement entravée, si les pouvoirs publics ne pouvaient arriver à assurer la sécurité des personnes et des propriétés contre le banditisme et contre les perpétuelles déprédations d'une sorte de piraterie agricole, qui ruine les colons actuels et décourage ceux qui voudraient venir s'implanter en Algérie.

Un ancien procureur général de la cour d'appel d'Alger actuellement député de l'Yonne, M. Et. Flandin, a consigné dans un travail consciencieux, qui a paru dans la *Revue politique et parlementaire*, ses idées sur la question de la sécurité. Il envisage la question au double point de vue des crédits à inscrire au budget, et il examine les moyens qu'il croit les plus pratiques pour remédier à cet état de choses, qui serait ruineux pour la colonie s'il allait continuer longtemps.

Nous nous proposons d'analyser aussi rapidement que possible le travail de M. Flandin. Nous déclarons dès le début que les moyens qu'il propose, nous paraissent excellents !

Nous n'avons de réserves à faire que pour la partie, qui vise la question budgétaire. M. Flandin subordonne l'application des moyens de répression du banditisme, à certaines mesures financières. Il serait pourtant logique d'admettre, que puisqu'il s'agit d'une question vitale pour la colonie, la France ne marchandera pas l'argent nécessaire à la répression des crimes et à la surveillance des malfaiteurs qui ruinent l'Algérie.

I

Les mesures de surveillance et de répression qui paraissent particulièrement efficaces à M. Flandin sont les suivantes : 1° fortifier l'action de la police judiciaire ; 2° rendre la justice plus expéditive ; 3° transformer le système pénitentiaire actuellement appliqué aux indigènes. Voilà les trois questions que M. Flandin examine avec des développements inégaux.

Qu'entend-il par *fortifier l'action de la police judiciaire* ?

Dans cet ordre d'idées il réclame : 1° l'augmentation de l'effectif de la gendarmerie ; 2° la constitution plus forte d'une police de sûreté devant exercer son action dans toute l'étendue de la colonie ; 3° l'organisation à Alger d'un service central anthropométrique qui, faute de crédits, ne fonctionne qu'à l'état rudimentaire.

Gendarmerie. — Après avoir rendu un juste hommage aux services que la gendarmerie rend à la justice en Algérie, M. Flandin fait remarquer que sa tâche devient écrasante de jour en jour, à cause de l'insuffisance de son effectif. Pourtant son action est d'une efficacité réelle et palpable. Les statistiques officielles permettent de constater que les neuf dixièmes des arrestations s'opèrent grâce à elle. La tâche de la gendarmerie en Algérie est en effet plus écrasante que celle de la gendarmerie dans la métropole. Ici elle a à surveiller une population plus remuante et plus dangereuse qu'en France. Il faut ajouter aussi que les voies de communication sont moins nombreuses et moins rapides. Il faut ajouter en outre que le territoire à surveiller est parfois très considérable. Dans un département français une brigade de gendarmerie est chargée en moyenne de la police de 5.000 personnes. En Algérie, une brigade de gendarmerie a plus de 16.000 personnes à surveiller. En France, une brigade de gendarmerie doit surveiller en moyenne une étendue de dix mille hectares. En Algérie, elle a à surveiller soixante mille hectares, et parfois une superficie plus considérable. La commune mixte de Teniet-el-Haad, qui n'a qu'une brigade de gendarmerie au centre même de la commune, a un territoire de deux cent quatre-vingt-six mille hectares. En présence de chiffres pareils, il ne serait pas téméraire de venir affirmer que, sur un point quelconque de la France, il y aurait vraisemblablement moins de sécurité qu'en Algérie, s'il n'existait pour protéger les personnes et les biens que le même nombre infime de gendarmes.

M. Flandin nous fait connaître qu'en ce moment dix-huit brigades de gendarmerie sont réclamées pour l'Algérie. Cela n'est qu'un minimum. Dans une mesure d'économies bien comprises, il fait observer que l'administration militaire devra se résigner à faire construire des casernements peu coûteux. Il faudrait aussi que M. le Ministre de la guerre consentît à une modification de la tenue, et qu'il adoptât pour l'Algérie un costume plus en rapport avec les exigences du climat.

M. Flandin préconise en outre la formation de brigades mixtes composées de gendarmes français et de gendarmes *maures*. Il voudrait pourtant que ces derniers fussent encadrés dans chaque opération par des gendarmes français. Les gendarmes *maures* rempliraient facilement l'office d'interprètes et deviendraient ainsi des agents précieux de renseignements pour la justice.

M. Flandin paraît attacher une importance considérable au rôle que la gendarmerie doit jouer en Algérie. Cette opinion n'est pas celle de certains algériens, hommes fort sérieux et munis de mandats électifs. M. Trolard, ancien conseiller général d'Alger, dans un remarquable travail sur la *Sécurité en Algérie*, publié en 1893, déclare que le gendarme n'arrête guère que les malfaiteurs qui viennent se jeter dans ses jambes quand « *il fait la correspondance* » : il ne les dénichera jamais et ne les découvrira que très rarement. Ce qu'il faut, d'après M. Trolard, ce sont des hommes faits pour la course, capables d'endurer toutes les fatigues, de marcher aussi bien par les temps de neige que par les temps de siroco, des hommes au courant des ruses et des habitudes des bandits, connaissant les coins qui peuvent servir de refuges à ceux-ci : ce sont en un mot des indigènes qu'il faut. M. Trolard se rapproche ici du système préconisé par M. Flandin, ou pour mieux dire M. Flandin a fait sienne une partie du système lancé par M. Trolard. M. Trolard réclamerait la création de brigades mobiles composées d'indigènes sous les ordres de chefs français. Il estime qu'avec cent hommes de cette trempe et répartis d'une façon judicieuse par groupes de dix dans chaque département, on pourrait se passer du supplément de gendarmerie dont parle M. Flandin. Pour lui la sécurité serait mieux garantie. La dépense ne serait pas considérable d'après M. Trolard. Cent hommes à 800 francs par an cela fait 80.000 francs. En la répartissant entre le département, les communes et l'Etat, ce ne serait pas une grande charge pour chacun d'eux.

Au mois de novembre 1893, le conseil supérieur de l'Algérie s'est occupé de cette question. M. Marchal, vice-président du conseil supérieur, a contesté le rôle de la gendarmerie en Algérie. M. Cambon, gouverneur général, a fait remarquer au contraire, qu'il y avait lieu de voter les crédits demandés pour l'augmentation de l'effectif des brigades, et que la gendarmerie rendait les meilleurs services à la justice algérienne.

1° *Police de sûreté.* — M. Flandin traite cette question en quelques lignes seulement. Il reconnaît que des efforts louables ont été tentés depuis quelques années pour organiser en Algérie une police de sûreté. Nous dirons plus loin quels sont ces efforts dont parle M. Flandin. Il fait remarquer que le personnel est très insuffisant, et qu'une augmentation s'impose dans des proportions considérables, si l'on veut que l'action de la police se fasse sentir. Il voudrait enfin que ce service fût placé sous l'autorité directe du Gouverneur ou des Préfets.

La criminalité mérite d'attirer l'attention de ceux qui tiennent au maintien de notre société. Nul n'ignore qu'elle est en voie de progrès, et que si les pouvoirs publics ne viennent y mettre bon ordre, on sera bientôt débordé par ce qu'il faut appeler l'armée du crime.

Au dernier congrès tenu par l'*Association française pour l'avancement des sciences à Caen* (*août* 1894), M. Yvernès, qui a été si longtemps chef du service de la statistique judiciaire, a présenté un long travail très documenté sur les crimes et les criminels dans notre pays depuis trente ans, c'est-à-dire de 1860 à 1890, la dernière année dont on ait la statistique. Ce travail est non seulement intéressant, mais il est encore émouvant, car il met en lumière d'une façon indiscutable l'augmentation des crimes depuis trente ans et l'affaiblissement de la répression, l'impunité des criminels dans un grand nombre de cas. En 1860, l'auteur du crime restait inconnu dans 53 cas sur 100. En 1890 cela arrive dans 63 cas sur 100. M. Yvernes fait remarquer que la proportion devient plus inquiétante encore lorsque l'on considère chaque espèce de crime en particulier, car beaucoup de petits crimes, faciles à saisir, améliorent la moyenne, qui dans certains cas de crimes graves devient tout à fait effrayante. Ainsi pour les grands vols qualifiés commis avec les circonstances aggravantes que l'on connaît, les auteurs sont restés inconnus 90 sur 100. Et sur les 10 cas où les auteurs présumés ont été poursuivis, il faut encore déduire ceux où le jury les a acquittés. Par conséquent, on arrive à cette conclusion, que celui qui commet un grand vol qualifié n'a même pas une chance sur dix d'être puni.

Ajoutons à cela que l'ensemble des crimes en France ne diminue pas. De 1860 à 1890, le nombre annuel des crimes a augmenté d'un gros dixième : 16561 au lieu de 15019. C'est là une augmentation vraiment notable.

La situation de la criminalité n'est guère meilleure dans la colonie. Le Parquet général d'Alger, dans un rapport que nous trouvons résumé dans les Comptes Rendus des délibérations du Conseil supérieur de l'Algérie pour l'année 1893, donne les chiffres suivants. « Du 1er juillet 1892 au 30 juin 1893, il a été commis dans le département d'Alger 3067 attentats contre les personnes ; 5455 attentats contre les propriétés ; 3356 crimes, délits ou contraventions contre la chose publique.

» Dans le département d'Oran 3028 attentats contre les personnes ; 5176 contre les propriétés ; 2322 crimes, délits, contraventions contre la chose publique.

» Dans le département de Constantine, 3489 attentats contre les personnes ; 3640 attentats contre les propriétés ; 1697 crimes, délits et contraventions contre la chose publique ».

Nous arrivons ainsi aux totaux suivants : 10124 attentats contre les personnes ; 14271 attentats contre les propriétés ; 7375 crimes, délits et contraventions contre la chose publique, d'où le chiffre de 31770 attentats de toute nature commis en Algérie (territoire civil) du 1er juillet 1892 au 30 juin 1893.

M. le Gouverneur général fait remarquer que les résultats consignés dans la statistique de M. le Procureur général, qui n'était autre que M. Flandin, présentent la situation sous un jour très sombre. Ces chiffres seraient mêmes alarmants si une amélioration sensible constatée au cours du premier semestre 1893, n'était venue atténuer le bilan de la criminalité. Cette amélioration résulterait des rapports fournis par MM. les administrateurs des communes mixtes et des statistiques présentées par MM. les commissaires de police de la colonie. Nous voulons croire à la sincérité de ces rapports et de ces statistiques, et nous voulons admettre, comme le dit dans un optimiste administratif, le rapport de M. le Gouverneur général, que la sécurité laisse moins à désirer que pendant le dernier semestre de l'année 1892.

Nous croyons pourtant, que M. le Gouverneur est mieux inspiré, lorsqu'il affirme avec l'autorité qui s'attache à ses fonctions que le péril est grave en Algérie, et que de grands efforts sont nécessaires pour enrayer d'abord, et arrêter ensuite, la marche toujours croissante d'un mal qui jette une perturbation profonde dans la colonie entière.

Pourtant il faut reconnaître, comme le déclare M. Flandin dans son étude, que des efforts sérieux ont été tentés. Des brigades de sûreté ont été placées dans chaque chef-lieu de département ; des cavaliers indigènes auxiliaires de police ont été détachés à Médéa, Orléansville, Miliana, Aïn-M'lila et El-

Milia. Ces services n'ont pas donné des résultats fort appréciables, et M. le Gouverneur fait observer qu'il y aura lieu d'y apporter des modifications.

Le gouvernement, qui estime avoir actuellement assuré la tranquillité dans les villes chefs-lieux de département, fait un essai d'éparpillement des forces de la sûreté dans certains centres secondaires. C'est ainsi qu'il a envoyé des agents de la sûreté dans des villes ou des centres comme Mostaganem, Arzew, Nemours, Bedeau, Tiaret et Saïda. Des commissariats spéciaux ont été créés dans les gares d'Alger, Oran, Philippeville et Bône. Deux autres commissariats ont été créés à St-Arnaud dans la province de Constantine et l'autre à Mustapha-Supérieur aux environs d'Alger.

La criminalité, dit le document officiel, qui a subi dans les villes et dans les grands centres une si notable diminution a par contre pris des proportions alarmantes en territoire indigène et dans l'étendue de certaines communes de plein exercice dont la population arabe et kabyle par suite de nombreux rattachements de douars a plus que triplé depuis 1870.

C'est donc de ce côté que doivent actuellement porter tous les efforts de l'administration.

Le gouvernement général est décidé à agir. Il rappellera aux municipalités qui ont plus de cinq mille habitants l'existence de l'article 12 de la loi du 28 pluviôse, an VIII qui prescrit dans chacune de ces communes l'institution d'un commissaire de police. Les municipalités seront invitées d'une manière pressante à se conformer à la loi. Reste à savoir si la solution arrivera bientôt. Pourtant la question est brûlante.

L'organisation de la police est à l'ordre du jour dans la métropole. Il a fallu les derniers événements des anarchistes pour secouer la torpeur du gouvernement. En Algérie, l'anarchie est à l'état endémique dans le milieu indigène, et dans certains centres où l'élément étranger domine. Ici plus que partout ailleurs il faut une organisation bien rigoureuse. Il faut qu'il y ait unité de vues dans chaque département, et que, celui qui sera appelé à diriger de haut ce service, lui imprime une ligne de conduite observée par tous rigoureusement. Sans cela il n'y a rien à attendre de la meilleure institution. Il faut surtout que les attributions de la police de sûreté soient bien définies, et qu'aucun conflit ne survienne entre la police municipale et la police de sûreté, que nous appellerions départementale ou même gouvernementale. Nous partageons l'avis de M. Flandin, lorsqu'il veut mettre sous l'autorité des préfets la police des départements. Pour cela il suffirait de créer dans chaque préfecture un deuxième secrétaire-général qui aurait strictement la direction de ce service. Ces trois secrétaires généraux seraient rattachés comme service au gouvernement général où les pouvoirs devraient être centralisés dans les mains d'un seul personnage administratif, qui remplirait les fonctions de préfet de police en Algérie. Un conseiller de gouvernement pourrait avoir cette charge ; et il ne serait pas le moins occupé, ni le moins utile des quatre conseillers qui entourent actuellement le gouverneur général.

M. le docteur Trolard dans son travail cité plus haut, n'est pas partisan de la création des trois secrétaires généraux chargés de la police. Il demande plutôt que l'on crée dans chaque département une direction ou une centralisation de la police de sûreté. Un bureau spécial institué dans chaque préfecture suffirait à cette besogne. C'est une simple question de mots qui nous sépare de M. Trolard ; car que l'on appelle directeur, chef de bureau ou secrétaire général celui qui aura la charge de police dans le département, cela importe peu. Tout ce qu'il faut c'est qu'il y ait unité de direction, et j'estime que le système de M. Trolard sacrifie trop à la bureaucratie. Avec notre système il n'y aurait que le traitement du secrétaire général à voter : le cadre des bureaux actuels suffirait pour constituer le bureau administratif. Créer un bureau spécial de la police de sûreté serait presque pousser à l'augmentation du personnel des Préfectures. Il n'y aurait au contraire qu'à faire un remaniement dans les attributions des bureaux actuels.

M. Gensoul, procureur de la République à Alger, n'est pas convaincu des bons résultats que peuvent donner les brigades de sûreté. Dans un travail récent, il déclare que pour la recherche des délits et des crimes en pays indigène, il vaudrait mieux que l'État fût moins méticuleux à l'égard des frais de transports nécessaires pour l'instruction des affaires indigènes. Cette lésinerie cause bien souvent des arrêts préjudiciables à la bonne et rapide répression des délits commis. M. Gensoul voudrait également que l'on affectât le crédit de 200.000 francs accordé aux brigades de sûreté, qu'il juge inutiles, à l'augmentation du traitement vraiment trop faible des juges de paix et à des subventions pour l'emploi d'indicateurs indigènes. L'opinion divergente de deux magistrats (MM. Flandin et Gensoul) qui ont appartenu au même parquet, peut paraître bizarre. Mais il ne faut jamais oublier, qu'en matière de *questions algériennes*, on ne doit que très rarement chercher l'unanimité des opinions. C'est ce qui rend le *problème* algérien si difficile et si complexe.

M. Trolard apporte une idée nouvelle dans son travail. Il déclare, que tout ce qui est force publique doit concourir au maintien de la sécurité en Algérie. Ainsi il fait remarquer que lorsqu'on aura construit toutes les maisons forestières que comporte l'Algérie, lorsqu'on aura logé les quatre mille gardes forestiers qui doivent former le bataillon nécessaire pour surveiller le domaine forestier algérien, la sécurité y aura gagné énormément. Il voudrait aussi, qu'à toutes les mesures que nous venons d'énoncer on en ajoutât une autre, qui lui paraît le complément indispensable des moyens que nous préconisons. L'armée, d'après M. Trolard, devrait prêter son concours effectif à l'autorité civile pour le maintien de la sécurité générale dans la colonie. Il cite à l'appui de sa thèse, l'opinion de *Varnier*, qui lui-même appuyait son dire sur le rôle que les Romains ont joué dans l'Afrique du Nord.

Anthropométrie. — Dans les Comptes-Rendus des travaux du Conseil supérieur, page 359, année 1893, M. le Gouverneur général déclare qu'un service d'identification anthropométrique fonctionne à Alger dans d'assez bonnes conditions. M. Flandin, qui dirigeait cette même année le parquet général, écrit de son côté que de timides essais pour introduire l'identification anthropométrique au Parquet d'Alger ont été tentés jusqu'à présent. Nous sommes plutôt disposés à donner raison à M. Flandin, car que nous sachions rien de définitif n'existe encore, et cela faute de crédits. M. Flandin estime qu'il suffirait d'un premier établissement de crédit de 15.000 francs et que 9.000 francs inscrits au budget annuel couvriraient les frais que comporte ce service. Franchement, l'État serait coupable de différer plus longtemps l'institution de ce service qui fournit à la justice les indications les plus sûres.

En Algérie plus que partout ailleurs ces indications seraient précieuses, car les indigènes n'ont pas d'état civil (on ne peut considérer comme un état civil sérieux celui que l'on a essayé d'établir), aussi ils arrivent à dissimuler leur identité et à échapper aux peines qu'ils redoutent le plus, c'est-à-dire la Relégation et la Peine de mort. Mais ce n'est pas seulement pour les indigènes que ce service serait utile. Il le serait aussi pour la foule d'étrangers qui envahissent la colonie, et qui mènent un peu la vie nomade, que leur impose leur existence précaire.

M. Flandin ne rentre pas dans les détails du service anthropométrique.

Il est en effet aujourd'hui connu de tous ceux qui s'occupent d'études pénales. Nous pouvons dire que d'une manière générale, le signalement est constitué par les indications suivantes :

On prend les mesures : 1° *de la taille*; 2° *de l'envergure* ; 3° *du buste* ; 4° *la longueur de la tête* ; 5° *la largeur de la tête* ; 6° *l'oreille droite* ; 7° *le pied gauche* ; 8° *le médius gauche* ; 9° *la coudée gauche*. Tout cela est d'une simplicité et d'une sûreté parfaites.

M. Alphonse Bertillon a consigné toutes les instructions et indications nécessaires à l'identification anthropométrique dans un traité qui est aujourd'hui dans les mains de tous les magistrats et de tous ceux qui ont affaire aux pensionnaires de nos prisons.

II

Le deuxième moyen préconisé par M. Flandin consiste à *rendre la justice plus expéditive*. Là se trouvent soulevées deux questions de procédure criminelle avec lesquelles M. Flandin est très familier. Les fonctions de procureur général, qu'il remplissait avec talent et indépendance à la cour d'appel d'Alger, lui ont permis de remarquer, que l'Algérie ne pouvait être assimilée à la Métropole, dans la répression des crimes commis par les indigènes. Découvrir plus facilement les crimes en fortifiant l'action de la police judiciaire ; opérer des arrestations fréquentes sont deux choses excellentes pour assurer dans la mesure du possible la tranquillité dans la colonie, et pour ramener la confiance dans l'esprit des colons. Mais il faut aussi que le châtiment qui doit suivre le crime garde son caractère d'*exemplarité*. Pour cela il faut que la peine suive de près le crime et que la condamnation se produise dans la région où le méfait a été commis. M. Flandin reconnaît qu'en Algérie, la police est d'une lenteur désespérante. Pour lui deux mesures sont nécessaires pour remédier à cet inconvénient :

1° Attribuer aux juges de paix à compétence étendue tous les pouvoirs des juges d'instruction jusqu'à l'ordonnance de renvoi exclusivement, notamment le droit de décerner les mandats de dépôt et d'arrêt.

2° Organiser une juridiction criminelle dégagée des complications qu'entraîne fatalement l'institution du jury.

M. Flandin fait remarquer qu'actuellement les juges de paix exercent en fait les attributions des juges d'instruction, mais ils les exercent irrégulièrement. Aussi que se passe-t-il ? Il arrive ceci, c'est que pour donner une valeur légale à la procédure du juge de paix qui ne peut être considérée, aux termes du droit, que comme une simple enquête officieuse, et surtout pour régulariser la détention des inculpés retenus dans les geôles par mesure administrative, le parquet est obligé de saisir le juge d'instruction, qui se trouve ainsi dans la nécessité de reprendre l'information. Cette double instruction entraîne des frais, une surcharge de travail, et des déplacements qui font traîner les affaires en longueur.

M. Flandin voudrait également que l'on instituât une juridiction criminelle spéciale aux indigènes. Il fait remarquer, avec juste raison d'après nous, que l'institution du jury n'a nullement sa raison d'être en ce qui concerne les indigènes. L'institution du jury a pour principe fondamental *la juridiction des Pairs* fondée sur une communauté d'origine, de nationalité, de sentiments. Personne ne pourra affirmer que ce lien existe entre l'Arabe ou le Kabyle et le Français appelé à le juger. L'indigène quel qu'il soit n'est pas encore le *pair* du colon, et il se passera de longues années avant qu'il le devienne, en admettant — ce qui est loin d'être démontré — qu'il puisse un jour arriver à une transformation aussi complète de son être.

L'idée de doter la colonie d'une organisation criminelle mixte, distincte partant de celle de la Métropole, n'est pas neuve. Déjà en 1869, M. Béhic, dans son rapport remarquable sur l'*organisation de l'Algérie,* en avait parlé, et cela dans des termes excellents et empreints du meilleur esprit juridique et gouvernemental. On sait que les mille bonnes choses que contient ce rapport sont restées lettres mortes pendant plus de 20 ans. La commission sénatoriale chargée d'examiner les *questions algériennes* en a tiré le plus grand profit, et nous pouvons même déclarer que son ancien président, Jules Ferry, semble avoir eu sous les yeux ce rapport, à tout moment de la rédaction du sien. La chose paraît encore plus évidente lorsque l'on saura que le rapport de M. Béhic a été imprimé comme annexe aux travaux de la commission sénatoriale.

L'idée émise, pour la première fois par M. Béhic, a été reprise dernièrement par M. Saint-Germain, député d'Oran. Quelle est la substance même de la proposition de M. Saint-Germain, qui a obtenu l'adhésion de tous les représentants de l'Algérie au Parlement.

M. Saint-Germain a développé quatre idées bien distinctes dans sa proposition. Il envisage le cas où les crimes seront jugés par les cours d'assises avec l'assistance du jury : celui où ils seront jugés sans l'assistance du jury. Il examine ensuite les différents décrets et les lois qui régissent le jury en Algérie, et il demande la refonte de cette législation à un certain point de vue. Il étudie enfin les questions de procédure, c'est-à-dire les questions de formalités exigées par le code d'instruction criminelle.

En premier lieu, la proposition établit entre les crimes une classification, qui permet de déterminer de quelle manière la cour d'assises se trouvera appelée à juger. La cour d'assises jugera avec l'assistance du jury tous les crimes quels qu'ils soient, commis par les Français et les étrangers non musulmans, contre la chose publique ou quelque individu que ce soit. Il en sera de même pour tous les crimes commis par les indigènes ou les étrangers musulmans contre la chose publique ou les Français et étrangers non musulmans. Comme on peut le constater, la proposition de M. Saint-Germain n'apporte aucune innovation, toutes les fois qu'il y a à côté des musulmans des personnes qui ne le sont pas.

La proposition de M. Saint-Germain ne pouvait en effet avoir la prétention de faire fléchir ce principe fondamental de notre droit pénal, qui veut que la justice pénale s'applique à tous ceux qui vivent sur le sol et sous la dépendance de la République. Aussi M. Saint-Germain déclare-t-il avec énergie et bon sens que ce qu'il faut en Algérie, c'est assurer la suprématie de l'autorité française et des Français sur les indigènes. Tous les crimes qui peuvent porter atteinte à cette autorité doivent être jugés par les Français et les Français seuls, magistrats et jurés. Le colon ne doit pas être diminué : c'est lui qui doit distribuer la justice française à tout criminel, que celui-ci soit arabe ou européen, musulman ou non musulman dès l'instant où un non musulman est intéressé dans l'affaire soit comme complice soit comme victime de crime commis.

La proposition parlant de crime commis contre la chose publique il était bon pour dissiper toute équivoque de bien préciser à ce sujet. M. Saint-Germain n'y a pas manqué. Ainsi il faut entendre par chose publique aussi bien la chose publique exclusivement française que la chose publique indigène. L'indigène, qui violente le magistrat indigène, qui diffame le fonctionnaire indigène, qui détruit les pièces de l'autorité indigène, qui les falsifie, etc., sera jugé par le jury français. Cela également est indiscutable et conforme à tous les principes de notre droit pénal et public. La France ayant confié une parcelle de son autorité à un indigène, c'est au jury français que l'indigène qui portera atteinte à cette autorité devra rendre compte.

Le deuxième point est réellement la partie neuve de la proposition Saint-Germain. Lorsqu'il s'agira de crimes commis par des indigènes ou des musulmans étrangers contre des musulmans indigènes étrangers, ce sera toujours la cour d'assises qui jugera ; mais cette fois sans l'assistance du jury.

On pourrait se poser la question de savoir comment les indigènes accepteraient les modifications apportées aux cours d'assises et au jury. Les indigènes se plaindront-ils de la situation que la proposition Saint-Germain leur fait ? Il est permis d'en douter. Ils n'ont jamais été consulté d'une manière catégorique sur cette question : mais tout le monde sait en Algérie qu'ils n'aiment pas le jury. Ils n'ont aucune notion de cette justice formaliste, et longue. Ils ne comprennent pas ce juge qui n'est pas fonctionnaire et qui est pris à tour de rôle parmi les simples citoyens. Ils n'ont aucune crainte pour ce juge qui siège en costume de ville à côté des magistrats revêtus de robes rouges. Ils craignent enfin la justice distribuée par des *naturalisés* de fraîche date, pour lesquels ils ont le plus profond mépris. Quiconque a étudié la psychologie de l'indigène a pu constater que chez lui l'idée de la justice se confond avec l'idée de la force. Il apprécie le magistrat, car il sait qu'il représente du haut de son siège le Pouvoir. Il apprécie le magistrat, car il sait que c'est encore lui qui laisse tomber la condamnation en pleine audience. Les deux dernières parties de la proposition Saint-Germain ne manquent pas d'intérêt : mais nous serons très bref là-dessus.

Le jury en Algérie se trouve encore sous l'empire du régime du décret du 7 août 1848. Ce décret fixe les incapacités.

Au contraire, de la loi du 21 novembre 1872, qui règle le jury en France, il admet dans la composition des listes des jurés certaines catégories d'individus que cette loi a avec juste raison bannis de cette magistrature. Il serait fastidieux d'en donner la nomenclature : mais il est pourtant nécessaire de citer quelques exemples. Ainsi les individus condamnés pour faux en vertu des articles 142 et 143 du code pénal, ceux qui falsifient les monnaies ou les colorent, ceux qui ont trompé sur la qualité des marchandises peuvent aux termes du décret du 7 août 1848 être jurés en Algérie, si cette condamnation n'a pas excédé un *an*. La loi du 21 novembre 1872 a fait cesser cette anomalie en France. On se demande pourquoi on ne répare pas immédiatement cet oubli dans l'intérêt de la bonne justice en Algérie. M. Saint-Germain demande une refonte de cette législation et l'assimilation complète de l'Algérie à la métropole. A cet égard, il ne faut pas toujours compter sur la perspicacité des commissions chargées de dresser les listes des jurés en Algérie. Il n'y a pas de session à Alger, où l'on ne constate quelque irrégularité dans les listes des jurés qui sont appelés à siéger.

La quatrième partie de la proposition de M. Saint-Germain règle les formalités de procédure à suivre suivant que les cours d'assises siègent avec ou sans jury.

Nous avons résumé aussi succinctement que possible la proposition de M. Saint-Germain, qui a produit une vive impression au moment où il l'a développée devant la commission de revision du code d'instruction criminelle.

M. Gensoul, procureur de la République à Alger, dans un travail fort étudié sur l'*Application des codes criminels et la juridiction de la cour d'assises en Algérie*, estime qu'il faudrait revenir en matière d'assises à l'organisation régie par le décret du 19 août 1854.

Aux termes de ce décret, les cours d'assises d'Algérie se composeraient de cinq magistrats statuant en la double qualité de jurés et de juges. Elles se réuniraient trois fois par an dans les villes où existerait un tribunal de première instance. Cette mesure bien entendu, ne s'appliquerait qu'aux affaires indigènes.

M. Flandin, dans son étude, repousse le système de M. Saint-Germain. Il fait remarquer que cette proposition aurait l'avantage appréciable de dispenser dans certains cas les colons des lourdes charges qu'impose l'obligation du jury : mais la justice ne serait pas pour cela plus *expéditive*, et le but serait alors manqué.

M. Flandin pense que le remède est plutôt dans une décentralisation de la justice criminelle, qui consisterait à simplifier la procédure criminelle des cours d'assises tout en assurant à l'accusé les garanties nécessaires pour la liberté de la défense. Il voudrait que dans chaque *arrondissement*, c'est-à-dire dans chaque tribunal de première instance, fut constitué une cour criminelle où des assesseurs français et indigènes — ces derniers ne devant naturellement constituer qu'une faible minorité — délibèreraient en commun avec trois magistrats sous la présidence d'un conseiller à la cour. Ceci se passe en Tunisie et que nous sachions personne ne s'en plaint. L'idée développée par M. Flandin est également celle d'un magistrat distingué de la Cour d'Alger. M. Eon, avocat général a traité en partie ce sujet dans son discours de rentrée prononcé en 1892 : « *Les indigènes devant la loi pénale et les juridictions répressives* ».

L'avantage de cette institution d'une cour criminelle par arrondissement judiciaire se traduirait par une justice plus expéditive et moins coûteuse. On peut aussi ajouter qu'elle serait plus exemplaire.

III

Le troisième moyen proposé par M. Flandin consiste à *transformer le système pénitentiaire actuellement appliqué aux indigènes.* L'idée n'est pas neuve. On doit même ajouter dans l'intérêt de la vérité, qu'elle ne lui appartient pas. M. Flandin se l'est appropriée, et il l'a restreinte aux seuls indigènes ; mais elle fut lancée pour la première fois par M. Emile Acollas en 1891, après un voyage d'inspection des maisons pénitentiaires qu'il fit en Algérie. M. Acollas, cet esprit éminemment distingué qu'un événement malheureux est venu arracher à l'existence au grand détriment de la science juridique et pénitentiaire avait développé dans un travail d'ensemble l'idée reprise aujourd'hui par M. Flandin. Nous regrettons, que M. Flandin qui a jugé à propos de citer quelques lignes, que M. Burdeau a consacrées dans son rapport sur l'Algérie, à la question pénitentiaire, n'ait même pas fait allusion au travail de M. Acollas. Nous ne pouvons admettre qu'il ait ignoré l'existence de ce rapport. Il a fait trop de bruit lors de son apparition ; il est empreint d'un cachet tellement original, que quiconque veut écrire deux lignes sur la question pénitentiaire algérienne doit l'avoir sous les yeux.

On nous excusera cette longue digression, mais nous avions le devoir de réparer cet oubli ; et puis il ne nous coûte pas de déclarer, qu'en insistant là-dessus, nous tenions à rendre hommage à cet homme de haute culture qu'était Acollas et que nous connaissions personnellement.

M. Flandin fait remarquer avec raison, que la Métropole en transportant en Algérie, pour l'appliquer aux indigènes, son système pénitentiaire, a commis une lourde erreur. Quel est en effet, le fonds de notre système pénal ? Il se propose en même temps de châtier le criminel, d'amender son caractère, et de lui infliger la honte d'une peine infamante. Ce but est absolument manqué en Algérie. Il est manifeste que l'indigène n'attribue à la peine de l'emprisonnement ou de la réclusion, aucune marque d'infamie. Ses coreligionnaires ne le considèrent jamais comme déshonoré de ce qu'il a été frappé par la police française.

On arrive à cette conclusion, que si on enlève à la peine son caractère infamant, elle devient un véritable bienfait pour l'indigène qui la subit.

M. Flandin fait un tableau de l'indigène, qui est vraiment frappant. Nous ne résistons pas au plaisir de le reproduire en entier. « Nous prenons un malheureux en haillons, n'ayant la plupart du temps aucun gîte, marchant pieds nus dans la poussière et dans la boue, se nourrissant de quelques dattes ou d'un misérable gâteau d'orge, et nous l'installons dans un pénitencier où il trouvera un gîte confortable qu'il n'avait jamais connu, où il est abrité du chaud et du froid, où luxe inouï à ses yeux, il reçoit une couverture pour la nuit, des sandales, des vêtements destinés à remplacer un burnous en lambeaux, une nourriture qui lui paraît succulente. Paresseusement étendu dans le préau de la prison en compagnie de camarades, il mène l'existence la plus heureuse, le suprême bonheur pour un indigène étant de vivre dans l'oisiveté. Il est vraiment inexplicable de voir chaque année le Parlement inscrire au budget des sommes considérables pour arriver à ce résultat d'octroyer à des condamnés indigènes les douceurs d'un régime dont ils ne bénéficieraient pas s'ils étaient en liberté ».

On ne saurait mieux dire. S'inspirant d'un vœu plusieurs fois émis par le conseil supérieur de l'Algérie et tendant à ce que le gouvernement réglemente les établissements pénitentiaires de la colonie, de manière à rendre profitable le travail des détenus, M. Flandin préconise le système lancé par M. Acollas qui consiste en ceci : créer des colonies pénitentiaires ambulantes, qui seraient occupées au défrichement, à l'assainissement, à la mise en valeur d'espaces incultes, à l'établissement des voies de communication, à la construction de barrages et de rivières, qui transformeraient en quelques années les conditions de la production agricole. La différence entre le système de M. Flandin et celui de M. Acollas : c'est que celui de M. Flandin ne s'applique qu'aux indigènes valides, tandis que celui de M. Acollas voudrait que les maisons centrales de la Métropole pussent fournir à l'Algérie le contingent de ces maisons pénitentiaires ambulantes algériennes. L'utilisation de la main-d'œuvre pénitentiaire française en Algérie est née dans l'esprit de M. Acollas, parce qu'il a constaté que le travail qui se fait dans nos maisons métropolitaines, est nul et ne produit que des effets négatifs. Les prisons du reste regorgent de clients que l'on ne peut utiliser, et qui finissent par se pervertir entièrement, sans aucun profit pour l'État qui les nourrit et les loge en pure perte.

L'idée des deux criminalistes est la même, si ce n'est, comme nous le faisons remarquer plus haut, que celle de M. Acollas offre un cadre plus large et une solution plus logique au système pénitentiaire tel qu'il devrait être compris. Le budget national serait soulagé de certaines dépenses, faites inutilement ; on préparerait ainsi à la colonisation de vastes domaines. Mais pour cela il vaudrait mieux appliquer le système de M. Acollas. Il est nécessaire que l'élément pénitentiaire indigène soit fortement encadré par des détenus français, que l'on choisirait parmi ceux qui avaient un métier agricole ou industriel, avant de devenir des pensionnaires des maisons centrales. L'indigène est un pauvre agriculteur. Il ignore les premiers éléments du métier. Ceux qui les voient à l'œuvre soit comme détenus, soit comme travailleurs libres ne nous contrediront pas.

Quoiqu'il en soit l'idée nous paraît excellente, d'autant plus qu'en Algérie l'industrie privée n'a pas à redouter l'utilisation de la main-d'œuvre pénale. Ce problème si aigu en France dans certains départements n'existe pas ici.

IV

Nous avons ainsi parcouru les trois idées que M. Flandin à développées dans son étude sur la sécurité en y ajoutant nos impressions personnelles, et celles de certains autres écrivains. Arrivons maintenant à la quatrième partie de son travail ; celle où M. Flandin examine les voies et moyens pour faire face aux frais que comporteraient les réformes projetées. Cette partie, nous l'avons déclaré au début, est celle qui nous parait la moins bien inspirée ; non pas que nous désapprouvions les idées qu'il développe, mais parce qu'elles ne sont pas de mise dans cette étude, et qu'elles subordonnent à leur acceptation par le parlement, les réformes qui nous paraissent urgentes pour le plus grand intérêt de la colonie.

Parmi les réformes que nous venons de parcourir, d'aucunes, comme celle qui consiste à attribuer aux juges de paix le droit de procéder aux informations avec les pouvoirs des juges d'instruction, celle qui substitue la juridiction des cours criminelles dans chaque arrondissement à celle des cours d'assises pour les indigènes, celle enfin, qui transforme notre système pénitentiaire en utilisant la main-d'œuvre des détenus, donnent lieu à des économies pour le budget. Mais reste une partie des réformes, qui entraînent à des dépenses, comme la création des nouvelles brigades de gendarmerie, l'extension des cadres de la police de sûreté et l'organisation à Alger d'un service central anthropométrique. M. Flandin est d'avis, que la colonie ne doit demander aucun sacrifice nouveau à la métropole. Il voudrait qu'au moyen de certains procédés, elle se procure l'argent nécessaire pour couvrir ces dépenses. Cette somme il la trouverait dans un projet de réforme des *offices ministériels en Algérie*.

Lorsqu'il était procureur général à Alger, M. Flandin, usant d'un droit que la loi lui confère, adressa à tous les officiers ministériels du ressort de la cour un questionnaire qui lui permit d'établir une intéressante statistique indiquant les produits de chaque charge. Le chiffre moyen annuel des émoluments produits par les officiers ministériels en Algérie serait d'après lui de 5.688.140 francs. M. Flandin à l'aide d'un système qu'il a développé ailleurs, et qui tendrait à faire de tous les officiers ministériels d'Algérie des fonctionnaires avec traitement fixe et remises proportionnelles au produit de leurs charges, ferait rentrer dans les caisses du Trésor une somme qu'il évalue à *un million*. C'est avec ce million annuel qu'il couvrirait les dépenses qu'entraineraient les réformes projetées. La commission sénatoriale chargée d'étudier les modifications à introduire dans la législation et dans l'organisation des divers services d'Algérie a rejeté le projet de M. Flandin. Le rapporteur de cette commission, M. le sénateur Jean Dupuy a présenté la question dans un rapport très étudié. Il a envisagé les trois solutions suivantes :

1° Faire rentrer les offices algériens dans le droit commun et rendre les charges vénales comme en France.

2° Transformer les officiers ministériels en fonctionnaires avec appointements fixes et remises proportionnelles sur le produit des charges, c'est le système de M. Flandin.

3° Maintenir l'organisation actuelle en réservant à l'État une part des produits.

La commission sénatoriale a écarté les deux premières solutions, comme offrant des difficultés immédiates, et comme ne donnant pas satisfaction immédiate aux exigences du Trésor. Elle n'a retenu que la troisième proposition, et elle a formulé un projet de décret qui sera applicable aux officiers ministériels nommés après la promulgation du présent décret et cela dans son intégralité. Pour ceux qui sont actuellement en fonctions, le décret ne les atteindra qu'en partie. Ils seront astreints aussi longtemps qu'ils seront titulaires de la même charge, au payement des droits posés par l'article 2 dudit décret. L'article 2 qui est la base fondamentale du projet de décret mérite d'être reproduit. En voici la teneur :

« Ces droits seront proportionnels conformément au tableau suivant :

« Offices produisant annuellement plus de 25.000 fr. 30 0/0 des produits
de 20.001 à 25.000 fr. 20 0/0 —
de 15.001 à 20.000 fr. 15 0/0 —
de 3.001 à 15.000 fr. 10 0/0 —

« Pour les trois premiers trimestres de chaque année, les droits seront perçus sur la base des produits de l'année précédente.

« Avant le payement des droits afférents au quatrième trimestre, le total des produits de l'exercice entier sera établi et le taux des droits à percevoir pour l'année définitivement fixé d'après ce total.

« Si, dans ces émoluments de l'année, il y a eu une augmentation suffisante pour motiver l'application d'un taux de perception plus élevé, le règlement des droits du quatrième trimestre comprendra le versement des sommes restant à percevoir de ce chef.

« En cas de diminution dans ces produits, ce règlement aurait lieu sous déduction des sommes perçues en trop. »

Le projet de décret qui contient sept articles examine et traite d'autres points qu'il serait trop long d'énumérer ici. Il nous suffisait de donner le texte de l'article qui serait appelé à battre monnaie à l'aide des charges d'officiers ministériels algériens.

Le projet de M. Flandin, ainsi que le rapport de M. Jean Dupuy ont soulevé les colères de tous les officiers ministériels algériens. Ils ont fourni dans un long document leurs doléances, et soutenu ce qu'ils croient être leurs droits. Nous n'avons pas à analyser ici cette protestation.

Nous déclarons à nouveau que nous n'avons ni à approuver ni à rejeter l'idée de M. Flandin et le rapport de la commission sénatoriale, en ce qui concerne les officiers ministériels. Ce que nous voulons retenir de l'étude de M. Flandin, c'est que les trois premières parties nous paraissent excellentes, et que l'État en présence de la situation critique de l'Algérie devrait inscrire au plus tôt les sommes nécessaires pour garantir la sécurité dans la colonie, faire cesser certaines irrégularités dans la procédure criminelle, et encourager la colonisation. Libre à lui de chercher des économies et des ressources budgétaires partout où il pourrait légitimement les trouver.

M. Flandin, actuellement député, pourrait employer son activité et l'influence qu'il a su acquérir au Parlement, à faire aboutir quelques-unes des idées, qu'il a condensées dans les *quatorze pages* de son travail sur la sécurité. Qu'il se pénètre de ceci pourtant, c'est que les voies et moyens financiers qu'il propose sont de nature à faire ajourner peut-être indéfiniment les réformes qu'il a mises en lumière. Les questions doivent être fractionnées et examinées isolément. La sécurité de l'Algérie ne peut être subordonnée à une question de *notaires*, d'*avoués* et d'*huissiers*. Nous ne le pensons pas, et M. Flandin *sera* absolument de notre avis.

V

Nous n'avons pas la prétention d'avoir examiné la question de la sécurité en Algérie sous toutes ses faces. Cela aurait dépassé nos forces et nos moyens d'investigation. Nous avons voulu tout simplement mettre en relief les idées de M. Flandin, et présenter timidement quelques observations. Dans une étude, qui même serait restée incomplète, il aurait fallu examiner la question de la *Responsabilité collective*. Elle a autant de partisans que d'adversaires énergiques en Algérie. Il aurait fallu étudier la question du recrutement des caïds et des chefs indigènes, qui doivent être les meilleurs auxiliaires de la justice française en pays arabe. Il aurait fallu envisager les faits suivants, à savoir s'il n'y aurait pas intérêt à rendre les caïds et les chefs indigènes, à l'égal de ce qui se passe en territoire militaire, effectivement responsables des crimes et délits commis dans leurs douars. M. Burdeau, dans son lumineux rapport sur l'Algérie présenté à la Chambre en 1892, a mis en évidence les inconvénients que présenterait la responsabilité des chefs arabes. « Si l'on veut se borner à frapper le chef, dit-il, il pourra arriver de deux choses l'une : ou bien le chef sera un homme sans scrupules qui livrera à tout hasard un innocent choisi parmi ses adversaires, plutôt que de se laisser punir pour un crime qui n'est pas le sien : ou bien ce seront ses ennemis, qui, pour le faire tomber en disgrâce, organiseront des attentats entourés de tout le mystère nécessaire. Les exemples de faits, dans ces deux genres, ne sont pas rares ». Le dilemme posé par M. Burdeau paraît très rigoureux. Il n'en est pas moins vrai, que l'idée de *Responsabilité collective* intimide fortement les indigènes.

Il faudrait aussi examiner la question des récompenses et des distinctions à accorder aux indigènes, qui nous rendent des services signalés. Il faudrait examiner également la question du code de l'indigénat, et faire remarquer que l'action de la justice, si elle doit être parallèle à celle de l'administration, ne doit venir jamais la contrarier et *vice versa*. Il n'y a rien qui énerve autant les pouvoirs accordés aux différentes administrations que les conflits d'attributions que des esprits jaloux et brouillons s'amusent à faire surgir.

Tout cela aurait demandé des développements trop étendus, et aurait fini par embrasser toutes les *questions algériennes*, car tout se tient dans un pays comme l'Algérie.

Louis Paoli,
Bibliothécaire de la Bibliothèque universitaire d'Alger.

Imp. G. Saint-Aubin et Thevenot, Saint-Dizier (Hte-Marne), 15-17, passage Verdeau, Paris.

67

DU MÊME AUTEUR.

Le remords chez les coupables, Paris, Pedone-Lauriel, 1885 (Extrait de la *France judiciaire*).

Le Droit criminel et ses nouveaux horizons, Paris, Pedone-Lauriel, 1887 (Extrait de la *France judiciaire*).

La procédure pénale et l'Ecole criminelle positive d'après les études de jurisconsultes italiens, Paris, Pedone-Lauriel, 1888 (Extrait de la *France judiciaire*).

Premiers éléments d'Economie politique, par Louis Cossa, traduction d'après la 8e édition par Louis Paoli, revue par M. Ch. Gide, Paris, Larose et Forcel, 1889.

La réprimande judiciaire et l'*Ammonizione* d'après le nouveau Code pénal italien, Paris, Pedone-Lauriel, 1892 (Extrait de la *France judiciaire*).

Le nouveau Code pénal italien et son système pénal. *Examen critique des articles* 1 *à* 103, Paris, Pedone-Lauriel, 1892, in-8°, 150 pages.

Imp. G. Saint-Aubin et Thevenot, St-Dizier, 15-17, passage Verdeau, Paris.

www.ingramcontent.com/pod-product-compliance
Lightning Source LLC
LaVergne TN
LVHW010254230826
846091LV00007B/2972

* 9 7 8 2 0 1 3 4 3 0 0 6 7 *